8° Z
LE SENNE
6233

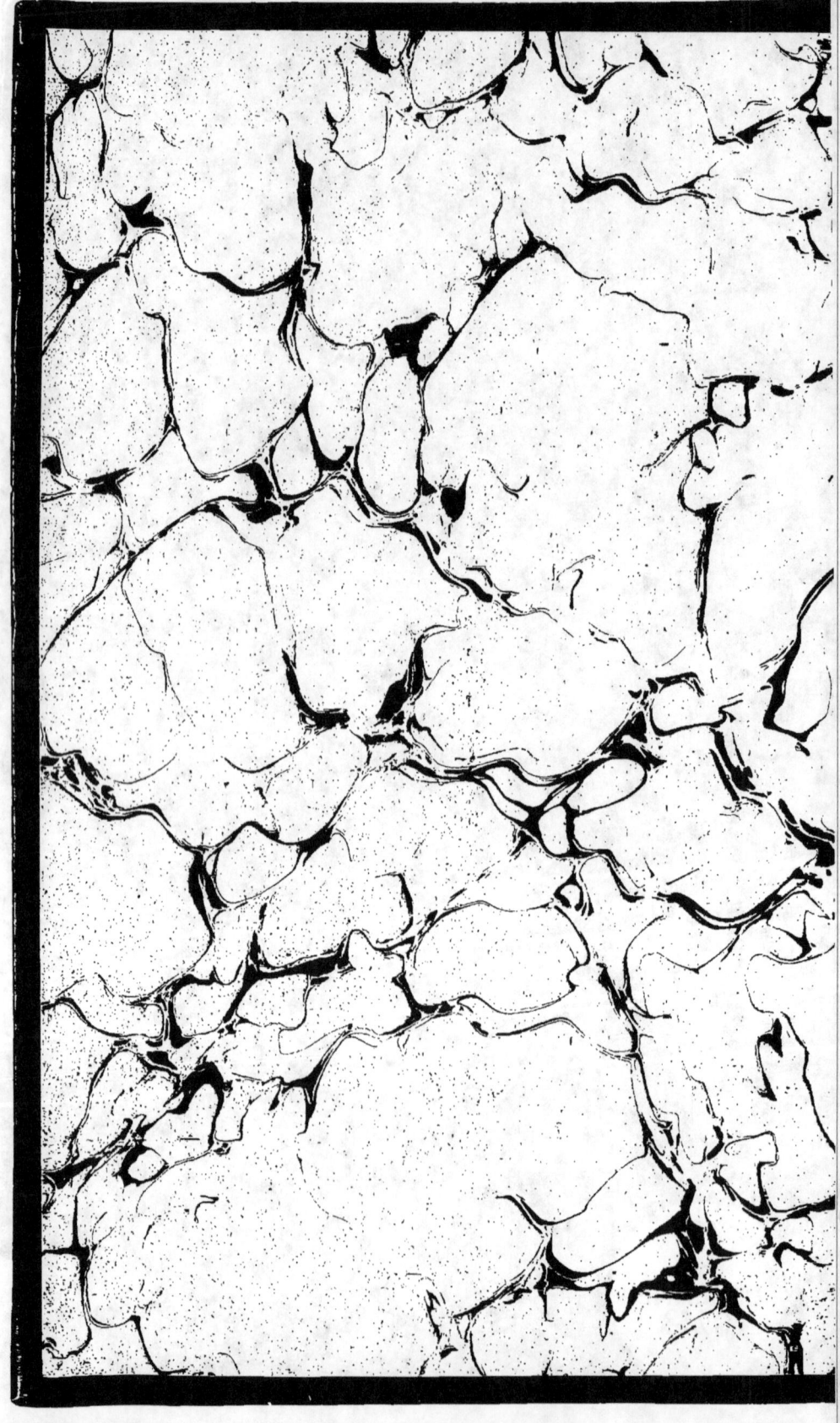

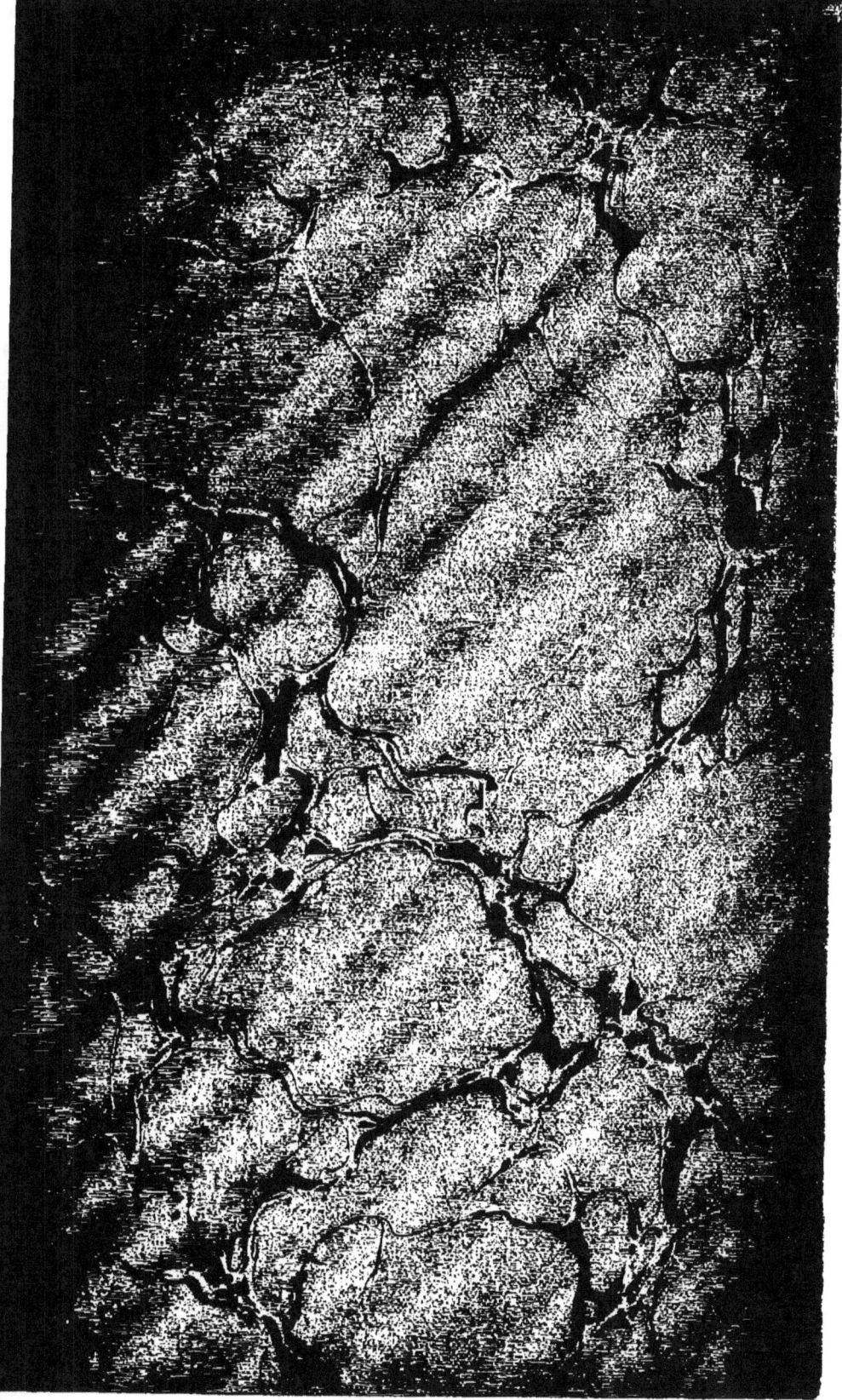

Homo sum, humani nihil a me alienum puto. (Térence.)

LE VIEUX CHAILLOT

(AUX XVIᵉ, XVIIᵉ, XVIIIᵉ SIÈCLES)

SON ÉGLISE SAINT-PIERRE

Ses Tombes

SES TROIS ABBAYES CÉLÈBRES

Sa Manufacture Royale, etc.

AVEC UNE CARTE

Par E.-M. G., aumônier de la rue Bizet

Docteur en Théologie, lic. és Lettres
Ancien Professeur d'Histoire.

« Il serait honteux à tout honnête homme d'ignorer le genre humain — l'histoire de son pays. » (Bossuet *Discours sur l'Histoire universelle*.)

SAINT-JUST

IMPRIMERIE UNIVERSELLE

1900

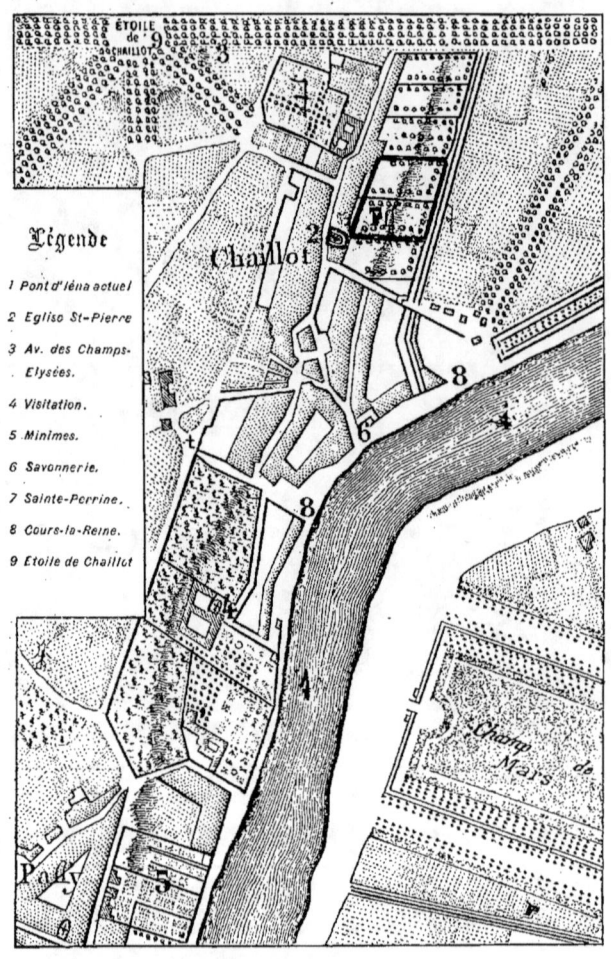

Homo sum, humani nihil a me alienum puto. (Térence.)

LE VIEUX CHAILLOT

(AUX XVIe, XVIIe, XVIIIe SIÈCLES)

SON ÉGLISE SAINT-PIERRE
Ses Tombes.

SES TROIS ABBAYES CÉLÈBRES

Sa Manufacture Royale, etc.

AVEC UNE CARTE

Par E.-M. G., aumônier de la rue Bizet
Docteur en Théologie, lic. ès Lettres
Ancien Professeur d'Histoire.

« Il serait honteux à tout honnête homme d'ignorer le genre humain — l'histoire de son pays. (Bossuet *Discours sur l'Histoire universelle*).

SAINT-JUST
IMPRIMERIE UNIVERSELLE
—
1900

HOMMAGE

Que Monsieur le Chanoine Henry LEDEIN, ancien Supérieur de l'Ecole des Carmes et Curé de Saint-Pierre de Chaillot, veuille bien agréer l'hommage de ces notes. Obéissant au désir que vous m'avez manifesté, j'ai essayé de faire revivre des souvenirs trop effacés, j'ai voulu rappeler ici et fixer, dans quelques pages rapides, des faits trop oubliés dont plusieurs cependant sont dignes de prendre et même de garder quelque place dans la mémoire des hommes.

Sacra recognosces annalibus eruta priscis. (Ov.)

Aussi, ce médiocre opuscule que vous-même inspiriez naguère, semble-t-il dire, avec le vieil Horace, dans son vers célèbre.

Quod spiro et placeo, si placeo, tuum est. (Od. 3, liv. IV.)

E.-M. G.

Humani nihil a me alienum puto. (Térence).

CHAILLOT ET SES TROIS ABBAYES

Deux mots d'Introduction

L'histoire des lieux que nous habitons nous attire, nous émeut au besoin et nous charme toujours. Le vers d'Ovide, même entendu sans la pensée de patrie qui le dictait dans son lointain exil, exprime encore une grande vérité :

Nescio quâ natale solum dulcedine cunctos
Ducit et immemores non sinit esse suî.

Oui, l'intérêt secret, plein de charmes, *dulcedine*, qui s'attache aux souvenirs de passé (souvenirs qui sont encore des ruines plus touchantes que les autres) est manifeste, est universel. Un lien réel, intime, formé dans les profondeurs de l'âme humaine, nous unit comme invinciblement à ce même passé dont nous sommes les fils. Des hommes sont nés, ont vécu et sont morts, ici, sur ce même coin de terre, où nous vivons nous-mêmes et où peut-être nous mourrons bientôt. Il y eut ici des berceaux, ici, des hommes ont passé, ont travaillé, ont souffert, ont vécu, et, ici encore, bien que cachées à nos regards, il y a, il reste des tombes chrétiennes d'où beaucoup se relèveront au dernier des jours : *de terra surrecturus sum* (Job)(1). Térence avait rendu cette pensée, et très bien exprimé ce charme qui de près ou même de loin, dans l'espace comme dans le temps, nous lie à nos semblables, quand il écrivait le vers si justement célèbre : *Homo sum : humani nihil a me alienum puto* (Héautontimorumenos). Ainsi le souvenir de l'infortunée fille d'Henri IV, Henriette, reine d'Angleterre, qui vécut, ici, à Chaillot, dans un deuil si profond, nous émeut, nous afflige ; puis, dix ans plus tard, sa joie immense de l'événement qui rend à son fils Charles II, la couronne royale que l'abject Cromwell avait un moment brisée, nous réjouit sincèrement. C'est que rien de ce qui est humain, de ce qui touche au cœur de l'homme, ne nous est étranger : *humani nihil a me alienum*. Toutefois, la vraie raison de cet intérêt charmant, l'Evangile seul, le Christ béni aux siècles éternels et qui a fait et racheté l'humanité, nous l'a donnée en trois mots : *Vos estis Fratres*. Nous sommes tous frères, chair de la même chair, et membres de la même famille. Nous habitons Chaillot que d'autres avant nous ont connu, ont traversé, ont habité. Voyons un moment et comme à vol d'oiseau, quelque chose de ce que l'histoire nous a laissé de son passé (2).

---

(1) Le cimetière couronnait l'église. En creusant des fondations, on a, il y a quelques années, retrouvé des tombes.
(2) Magny, Hurtaut, Le Bœuf, Cocheris... donnent la matière des faits, *sed satis intricata atque nimium confusa.*
Effusisque comis dudum sine pectinis usu.

I

Trois Faits

1ᵉʳ Fait. — Sur l'espace qui s'étend de l'Alma à Boulogne (sept à huit kilomètres, carte des environs de Paris), s'élevait, au vıɪᵉ siècle, le village de Nimio : « *Villa Nimio, sita in territorio Parisiaco.* » Nimio a donné dans la langue Nijon, comme Divio a formé régulièrement Dijon (Côte-d'Or). — La tour de Nijon subsistera encore au xvɪɪᵉ siècle, et abritera les premiers fils de saint François de Paule. — Or, un évêque du Mans, saint Bertran, lègue en mourant (623), en don pieux, à l'église de Paris dans laquelle, dit-il avec reconnaissance, j'ai été élevé, et *le village de Nimio* et ses vignes, sa propriété personnelle. Il spécifie que celles-ci sont situées dans un lieu arrosé de sources et nommé *Fontanilum : quæ fontanito ad palustrias et vinitores esse noscuntur.*

2ᵉ Fait. — Le nom de Chaillot. La forêt de Rouvret, *nemus de Rovereto (foreste nostra Roverito,* Chilpéric II, 717) (1), plus tard Bois de Boulogne,

---

(1) *De robur,* sorte de chêne très dur, *rouvre* (Pline).

s'étendait à l'est jusqu'au Cours-la-Reine actuel. (de l'Alma d'aujourd'hui, à la porte Dauphine, y a-t-il par la rue Bizet et Saint-Honoré, plus de quinze cents mètres ?). Or, les habitants de Nijon abattirent, un jour, tout ce côté oriental, ces quinze cents mètres de la forêt. Et cet espace, ainsi découvert, livré désormais à la culture, prit le nom de Chal, Chail qui, dans leur langue, signifiait *destructio arborum :* le pays, le terrain où nous avons détruit les arbres.

3º FAIT. — Les habitants de Nijon, Chail, formèrent bientôt deux centres nouveaux, deux nouveaux villages en dehors de l'antique Nimio, l'un du côté de Paris, sur le sol conquis de la vieille forêt, ce fut *Chaillot;* l'autre, près des vignes et des sources indiquées dans le testament du saint Evêque, *ad palustrias*, ce fut Auteuil. *Autolium* au XIIIᵉ siècle, formé de Au, mot celtique qui signifie prairies que baignait ici et fécondait la Seine sur sa rive droite.

II
Chaillot, Paroisse

Une bulle de CALLIXTE II (1119), met l'église de Chaillot la première des paroisses soumises au prieuré Saint-Martin-des-Champs : *altare et decimam Calleio.* Deux cent cinquante ans plus tard (1393), le duc d'Orléans expédie des Lettres à Challuyau-lès-Paris. En 1453, le duc de Bourgogne range son armée en bataille « entre Chaillot et Montmartre. » Commines est fait seigneur de la terre de Chaillot. Louis XI le récompensait ainsi de ses « bons et loyaux services. » Enfin, *Henri IV* « parent au vingt-deuxième degré d'Henri III, » (Bachelet) qui vient de succomber à Saint-Cloud (1589), — *occupait Chaillot* pendant que son armée faisait le siège de la capitale. On remarqua que, dans ces jours d'horreur, où la famine ravageait Paris assiégé, « *le feu du ciel tomba sur l'ancienne tour de Nijon.* » — Du Breuil, dans ses *Antiquités de Paris*, dit : « Les habitants de Chaillot doivent, chaque année, en hommage à l'abbé de Saint-Germain, deux grands bouquets à mettre sur le dressoir (étagère sur laquelle on plaçait des pièces d'orfèvrerie ou toutes choses flatteuses à montrer. — Littré) et demi-douzaine de petits (bouquets) *avec un fromage gras*, fait du lait de leurs vaches, qui viennent paître à l'île Maquerelle, au deçà de la Seine, et un denier parisis pour chaque vache. » (Cette île appartenait à l'abbaye de Saint-Germain). — Or, le vaste terrain de l'antique Nijon, était, il y a cent cinquante ans encore, couvert de vignes, de beaux jardins et de terres de labour. « Sa situation, écrivait en 1779, Hurtaut, maître ès arts de l'Université, est sur la hauteur du coteau, d'un aspect fort riant, d'où l'on aperçoit Paris et le canal de la rivière qui partage la cité. Il continue : *L'église paroissiale est sous le titre de Saint-Pierre.* C'est un bâtiment tout neuf, à la réserve du sanctuaire, terminé en demi-cercle, sur la pente de la montagne, lequel peut avoir cent ans. Une tour solide le supporte. L'église a deux ailes qui ne se rejoignent point derrière l'autel. » — A droite, sainte Géneviève, à gauche, la sainte Vierge. — Les bas-côtés étaient ceux que nous voyons encore, formés de deux rangs de piliers reliés entre eux, par des arcades surbaissées. Enfin, en 1777, la grosse cloche a, pour parrain, Louis XVI et, pour marraine, Marie-Antoinette qui aimait à habiter la résidence royale de la Muette. La cloche reçut les noms de *Louise-Antoinette* et fut bénie par l'archevêque de Rouen, cardinal de la Rochefoucauld ; « Monsieur Bessières, docteur en théologie, curé de Chaillot, étant présent. »

Toutes les histoires locales du xvii⁰ siècle ont gardé le souvenir vénéré de « *Jean de* ou *du Houssay, du village de Chaillot.* » Dès le xv⁰ siècle le registre porte son nom. Jeune encore, il abandonne en 1563, sa position de secrétaire du président de Mégrigny, vient recevoir aux Chartreux de Paris (sud du Jardin du Luxembourg) l'habit d'ermite, puis se retire humblement et joyeusement dans une des grottes du Mont-Valérien. Un historien du xviii⁰ siècle écrit : « Sa nouriture ordinaire était du pain bis auquel il ajoutait quelques racines, rarement des œufs ou du poisson... Sa boisson était de l'eau. Il ne consentit à boire un peu de vin que quelques jours avant sa mort. La prière était son occupation presque continuelle avec des lectures saintes ; il couchait dans une bière, revêtu de son cilice et de sa robe blanche. C'est ainsi qu'il vécut quarante-six ans, excepté pendant les guerres civiles qu'il se retira au collège de Montaigu à Paris, parmi les pauvres écoliers ou bien chez les Chartreux. *Il mourut, accablé d'austérités, à l'âge de soixante-dix ans.* Il fut honoré pendant sa vie de plusieurs *visites des rois Henri III et Henri IV.* Le premier lui avait fait bâtir un oratoire joignant sa cellule (1). Les auteurs de sa Vie (Colletet et La Croix), disent qu'*il prédit aux*

---

(1) Voir *les Saints Patrons du diocèse, vies, culte*, par E.-M. Gaucher. Le dernier chapitre du premier volume a pour titre : *Une Visite au Mont-Valérien en 1900*. On peut lire ce qui reste encore des monuments qui ont vu là-bas les Ermites et le beau Calvaire.

deux monarques le genre de leur mort. Ils ajoutent que les habitants de Suresnes et des villages voisins avaient recours à lui dans les calamités publiques et qu'ils avaient toujours ressenti la puissance de son intercession. » Il mourut le 3 août 1609, en odeur de sainteté (1). Le P. Du Breuil, plus âgé que lui de douze ans et qui l'avait bien connu écrit ces charmantes paroles « Jean du Houssay, d'admirable et imitable humilité...... consolait ceux qui allaient le voir avec congé ou permission de l'Evêque de Paris ou du Pénitencier... On tient qu'il eut plusieurs visions, en psalmodiant, priant, lisant, escrivant... Et prenait repos avec sa tunique blanche à chaperon... il resta reclus... et, par le bénéfice du Sauveur du monde, il a surmonté toutes les embûches du diable... Il fut enterré près de Sœur G. Faussart, à la rouge terre de ce mont, en présence d'une multitude... Et, là, ensevelis, *ils attendent ensemble* le jour épou-

---

(1) Ce phénomène admirable que l'Eglise et le peuple ont nommé *l'odeur de sainteté*, consiste en ce que, par un miracle de Dieu qui, dès ce monde même, honore et exalte ses grands amis, ceux qui n'ont pas compté avec Lui, le cadavre du mort répand une odeur de parfum exquis. Il s'en dégage une suavité toute céleste. La vie des Saints en offre de nombreux exemples. C'est la manifestation, par leur corps, habitacle de l'Esprit-Saint, de la sainteté même de leur âme, qui viendra le reprendre au dernier jour. Un parfum exquis de roses et de lis s'exhalait de sainte Cécile, de sainte Gertrude, du bienheureux Pierre de Luxembourg, vivants encore. Mademoiselle Le Gras, la sainte Fondatrice des Sœurs de Saint-Vincent de Paul, meurt à Paris, maison de Saint-Lazare, en 1660. On l'enterre au cimetière de Saint-Laurent qui, alors, touchait l'église même. A quelque temps de là, le curé écrivait : « *Il sort de la tombe comme une douce vapeur qui répand une odeur semblable à la violette et à l'iris*. *Les Filles de la Charité qui viennent prier sur sa tombe s'en retournent si parfumées qu'elles la portent avec elles aux Sœurs malades, à l'infirmerie Saint-Lazare,* pour les réjouir sans doute. J'en ai fait, ajoute-t-il, *l'expérience plusieurs fois*. (Sa Vie, par Mgr Baunard, page 619.) *Mirabilis Deus in Sanctis suis.*

vantable et horrible auxquel ils espèrent, se confiant à la grande miséricorde de Notre-Seigneur, estre nombrés avec ceux ausquels il sera prononcé par Luy : *Venite, benedicti Patris mei !* » (*Antiquités de Paris*, p. 1274).

III
Les Tombeaux de l'Église de Chaillot

1° **Le maréchal de Bassompierre.** (1) *Le château de Chaillot*, construit par Catherine de Médicis, était depuis 1630, la propriété des Bassompierre. Il s'élevait sur la hauteur, au lieu même où se trouve aujourd'hui le lourd Trocadéro, « en face du pont d'Iéna » (Cocheris). Or, le curé de Chaillot écrit : Ce samedi, 13 octobre, 1646, le corps du maréchal fut rapporté ici (de Provins, le maréchal revenait des eaux). Il avait soupé gaîment la veille et vers sept heures du matin, on l'avait trouvé mort dans son lit (Soyez prêts, car vous ne savez ni le jour ni l'heure où le Fils de l'Homme viendra). — Sa chair, continue-t-il, sa cervelle et sa langue ont été apportées dans ladite église de Chaillot et enterrées sur les neuf heures du soir *devant le maître-autel* où M. le vicaire et moi dismes quelques prières, en surpelis et estole, avec la croix et l'eau bénite, en présence de plusieurs habitants. Le reste du corps a été mis

---

(1) Tallemant des Réaux, « l'anecdotier de Paris et qui *médit avec délices* » lui prête des propros auxquels « on peut ne pas ajouter foi ». (Dézobry.)

dans une boète et dans un cercueil de plomb et le cœur porté dans la chapelle du château où nous allâmes avec trois prêtres et clercs, vêtus aussi de surpelis dont l'un portait la croix pour lever le corps et le présenter aux PP. Minimes. Le cercueil fut porté par six suisses, accompagnés de douze tant pages que valets de pied qui portaient douze flambeaux blancs. Le duc de Chevreuse et autres seigneurs et dames de qualité, suivaient avec grand nombre de bourgeois et d'*habitants de Chaillot*... Je fis la présentation *en latin* au Père qui avait la chape et était accompagné de tous ses religieux qui nous répondit *en latin* et nous nous retirâmes. »

Cinquante-cinq ans plus tard, août 1701, Henri Gouyon de Matignon, *comte de Beaufort*, de la maison de Bretagne, venait aussi prendre sa place éternelle au chœur de l'église de Chaillot. Magny écrit en 1779 : « *On y voit encore sa sépulture.* » C'est que, dès le XIVᵉ siècle, les ducs de Bretagne possédaient à Chaillot, une maison de plaisance où le chevalier de Beaufort venait de s'éteindre. Ce château portait le nom de *manoir de Nijon* ou encore d'Hôtel de Bretagne. Sa position touchait l'abbaye des Bonshommes de Chaillot.

Enfin, je trouve dans l'église paroissiale *deux épitaphes* qui font grand honneur au clergé de Chaillot : la première, fixée au mur du sanctuaire, côté de l'évangile, « *encadrée de marbre blanc, semée de larmes, surmontée d'un écusson, gravé en traits* » porte, sur marbre noir, quarante-quatre lignes de lettres d'une inscription que j'abrège (1) :

In Nomine Domini

Maître Nicolas Quintaine..... bachelier en théologie, a enseigné 18 ans les lettres et la philosophie, dans le collège de Harcourt... Curé de Saint-Pierre de Chaillot, *faubourg de la Conférence, à laquelle église il a laissé le dépôt de son corps* et les marques suivantes de sa piété... Le saint testateur a donné à la cure de Chaillot l'arpent de terre qu'il a acquis de ses deniers et fait clore de murailles et planté de vignes et arbres... pour en jouir à perpétuité à condition de payer annuellement 30 livres et faire chanter deux messes de *requiem*... où seront dites les oraisons *Deus, qui inter apostolicos... Deus veniæ largitor* et *Fidelium*..... seront les messes annoncées au prosne, le dimanche précédent... Seront fourny par la fabrique 2 cierges et 20 sous pour deux ecclésiastiques qui aideront à chanter... De plus a donné 100 livres à cette église et 300 pour faire bâtir une chapelle à S. Hipolite... a fondé une bourse pour faire étudier un pauvre... a donné 5.000 livres aux prisons, hôpitaux et monastères de Paris *pour participer à leurs peines et prières* et à celles de ceux qui lisent, à cette intention diront par charité, pour le repos de son

---

(1) Cocheris dit dans son patois : Inscription *démontée*, il y a quarante ans (il écrivait en 1870) et dont M. de Guilhermy a demandé en vain, la *reintégration* » Or, sous peu, M. le Curé la fera « *reintégrer* » ce qui réjouira le brave archéologue dans sa tombe, si on peut s'y réjouir encore. Chaillot l'y relira bientôt avec plaisir !

âme un *Pater* et *Ave* et un *Requiescat in pace*. Ainsi soit-il. — Et ce bon M. Quintaine dort, là aussi, son dernier sommeil. Mais ses œuvres accompagnent et réjouissent éternellement le juste dans la félicité des cieux, *opera enim illorum sequuntur illos.*

Il faut le reconnaître : voilà un digne et prudent et saint prêtre. Cette inscription est touchante. Rédigée après sa mort, par ceux qui l'avaient connu et aimé, on sent la vénération qu'ils portent toujours et qu'ils veulent que la postérité garde à sa mémoire. C'est que le vrai mérite de l'homme avec la piété qui le donne à Dieu, c'est la charité, le désintéressement qui le donnent à ses semblables et la vraie charité chrétienne est beaucoup plus, on le sait, dans la main que sur les lèvres, dans l'action que dans les paroles : « *date et dabitur vobis.* »

On a dû remarquer les mots de l'inscription, *Chaillot, faubourg de la Conférence.* Louis XIV venait, en effet, de nommer ainsi l'antique Chaillot d'où ne s'élevait guère encore que la fumée de ses deux cents feux. Il voulut fixer, par là, comme au vif, l'éternel souvenir des très heureux résultats du traité des Pyrénées (1659). On sait que c'est là-bas, *à l'île de la Conférence* ou des Faisans, sur la Bidassoa, que venaient de se tenir les réunions pour la paix et le mariage du Roi avec l'infante d'Espagne, Marie-Thérèse, fille de Philippe IV. Mazarin et Louis de Haro y avaient traité avec une habileté consommée, les intérêts de la France. (Le Roussillon, l'Artois, quatorze villes du Nord, les trois évêchés, Metz, Toul et Verdun, revenaient à la couronne.)

La deuxième inscription qui, sans le dire, indique cependant une dernière sépulture dans l'église, est plus simple. Chaillot (qui en a toujours eu de si bons) possédait alors, entre 1720 et 1730, une perle de vicaire digne de tout éloge. Il se nommait Noël du Bray. Il abandonna d'un coup, avec le plus parfait désintéressement sacerdotal, **toutes ses économies, pour fonder deux *écoles de charité aux enfants de la paroisse*.** Puis, en mourant, il lègue le reste à sa chère jeunesse. Il savait que l'éducation chrétienne est le trésor le plus grand comme le seul nécessaire en ce monde. La foi au cœur de l'enfance qui craint Dieu, c'est la lumière, c'est l'espérance, c'est la force dans l'épreuve, c'est enfin l'image même de Dieu gravée dans leurs jeunes âmes, temple de l'Esprit-Saint : *Quamque piæ menti Christus sit dulcis ! Et illis est forma et speculum, lux et imago Dei !... Spes quoque sancta piis est ignea nocte columna.* On lisait donc dans l'église : Fondation faite en cette église. — M. Noël du Bray prêtre, *de 150 livres de rente* rachetable de 3.000 livres à prendre sur les héritiers de M... auditeur des comptes deux petites écholes de charité pour l'instruction de la jeunesse... suivant qu'il est porté au contract de ladite fondation... Le

20 may, 1728. — Le Soudier, curé, Brise-Miche (1) et Soissons, marguilliers. » — Et l'un et l'autre, MM. Quintaine et du Bray, ont reçu la récompense promise par le Sauveur qui a dit : « Ce que vous ferez au plus petit des miens, c'est à moi même que vous le ferez : *Amen dico vobis quamdiù fecistis uni ex his meis minimis, mihi fecistis.* » (Saint Matth., XXVI, 40.)

Enfin, l'histoire a conservé le nom d'un aveugle qui « pendant de longues années toucha *passablement* les orgues de Chaillot. » Ce passablement est bien dommage! Il se nommait Armand et logeait à l'enseigne de Trianon, près la grille des Champs Elysées.

---

(1) Ce noble *Bris-Miche* fait tout à fait bien ici !

IV

LES TROIS ABBAYES DE CHAILLOT

La Visitation..

Le château du maréchal de Bassompierre est acheté par les Visitandines qui s'y établissent, en 1650. Le Bœuf dont les pages assez brouillées ne démentent pas le mot des contemporains : « *Rerum indigestarum indagator — atque subobscurus scriptor*, dit en substance : Henriette de France amena les religieuses de la Visitation, qu'elle obtint la permission d'établir dans le palais du maréchal, nommé, sous Henri IV, la maison de Grammont. Cette maison était au bout d'une des avenues qu'on appelle le Cours-la-Reine. » — Veuve depuis un an, où le sang de Charles Ier avait rougi l'échafaud régicide de White-Hall (30 janvier 1649), la malheureuse reine était, en 1650, fort pauvre. Nous pensons qu'il y eut des sacrifices des deux côtés. Les religieuses étaient au nombre de vingt à trente. Leur chapelle était très bien. Les de Lorges l'avaient fait construire à leurs frais, *pour servir de lieu de sépulture à leur famille.* Il est d'une grande sagesse, en effet, de songer à se ménager des prières et le suffrage si précieux d'intentions de messes, après la mort : *Sancta... est cogitatio pro defunctis exorare ut a peccatis salvantur* (Mach.) Les églises de Paris étaient, il y a cent cinquante ans, remplies de superbes tombes avec de touchantes épitaphes. Nous en avons compté dans une seule, plus de deux cent cinquante ! Les vivants gardaient ainsi la mémoire des morts dont la pierre funéraire parlait à leur âme chrétienne, et chaque dimanche, chaque jour de fête, les rapprochaient de Dieu et des leurs qui étaient partis et les attendaient au rivage du monde éternel ! Quelle éloquence il y avait là ! Quels encouragements à vivre saintement ! Quelle sagesse ! quelle belle et chrétienne institution !

Le grand autel de la chapelle Sainte-Marie de Chaillot était en marbre, le chœur tout lambrissé, cinquante et une stales l'ornaient. Il y avait un avant-chœur et une grande tribune. On y voyait un buste en cire de saint François de Sales, une châsse qui renfermait une relique de la vraie croix. Au centre de la tribune, reposait dans son cercueil de plomb, le corps de Marie d'Este. Sous les tentures qui le décoraient, on apercevait quatre boîtes de plomb, en forme de cœurs argentés. C'étaient les *cœurs d'Henriette de France, de Jacques II, son fils, de Marie d'Este et de la jeune princesse*

Marie d'Angleterre, morte en 1712. *La chapelle de la sacristie (?)* renfermait le corps de saint Victor, martyr que la comtesse de Forcalquier avait demandé au Pape pour l'offrir aux religieuses de Chaillot. La bibliothèque avait 600 volumes. Enfin la galerie du cloître, la salle du Chapitre, le grand appartement — parloir sans doute, — étaient couverts d'un grand nombre de portraits. Aux archives, des lettres et manuscrits de sainte Françoise de Chantal, d'Henriette de France, de Charles-Quint, de Charles Ier, de Jacques II... On y conservait également une statue en or de Notre-Dame. Enfin la chapelle renfermait neuf tombes. On lisait les noms de Vivonne, maréchal de France, de Tonnerre, marquise d'Ailly, comte de la Motte-Houdancourt, grand d'Espagne, lieutenant-général des armées du Roi... Un document précieux, officiel, a échappé, par bonheur, aux feux sauvages de la Révolution impie qui, partout brûla nos archives et détruisit si stupidement tant d'œuvres d'art qui faisaient l'ornement et la joie du monde. Le curé de Chaillot enterrait selon le droit canonique et ici conformément encore, à la règle de saint François de Sales, toute religieuse qui mourrait à Sainte-Marie. Il écrivait donc sur ses registres : « Le Jeudi-Saint, 25 mars, 1655, nous fusmes appelez de la part des Religieuses de Sainte-Marie, dictes de la Visitation, establies, depuis 5 ans, en cete paroisse au chasteau de feu M. le maréchal de Bassompierre, pour rendre les derniers debvoirs et inhumer... la révérende Mère, Sœur Hélène-Angélique Luillier, première supérieure du monastère audit chasteau. Nous y allasmes accompagnez de nos 2 ecclésiastiques, sçavoir, M. Guillaume de Frocourt, vicaire et M. Jacques du Fossey, chapelain de cete paroisse et après avoir fait les cérémonies accoustumées, le corps fut porté par 4 religieuses, les autres allant devant avec un cierge blanc en main, dans une grotte sur le bord du grand parterre dudit chasteau, laquelle fut bénite le même jour, de l'authorité de M. A. du Saussay, doct., protonotaire apostolique, grand vicaire et official de Mgr illustrissime et revérendissime messire J. F. de Gondy, archevêque de Paris, grand directeur desdictes religieuses et on y planta la croix. Nous enterrasmes, en ce lieu, avant les ténèbres dudict jour, la dicte supérieure, où aussi assista la sérénissime Princesse Henriette-Marie de Bourbon, fille de France, et reyne d'Angleterre qui a son département dans ledict monastère où elle se retire fort souvent. Cela faict, nous sortismes du monastère et retournasmes chanter les ténèbres dans nostre église. On me donna un louis d'argent de 60 sous pour la rétribution et 20 sous à chacun de nos ecclésiastiques. » Ce document est intéressant et par ce qu'il dit comme par ce qu'il fait entendre.

On vient de rencontrer ici, dans un acte officiel

le nom d'Henriette de France. Au fait, elle habita Chaillot près de dix-neuf ans. Elle s'absentait toutefois pour des intérêts de famille. Elle y vint cacher dans la solitude et la prière son deuil éternel et ses larmes amères. Elle y reçut même la princesse palatine, Louise de Bavière qui vint l'y trouver et qu'elle aimait comme sa fille. Louise y demeura une année, édifiant la communauté. *L'été, elle allait remuer les foins* et menait la vie religieuse sans en avoir l'habit. L'infortunée reine d'Angleterre après avoir épuisé le calice des douleurs humaines, mourut, en 1669, « à Colombes, près Paris ». Elle n'avait que soixante ans (1609-1669). Or, le 4 novembre de cette même année, Bossuet, suivant le Cours-la-Reine, arrivait à Sainte-Marie de Chaillot qui l'attendait et devant le cœur de la Princesse, dont la mort venait de consacrer l'existence, en présence de Monsieur, frère du Roi, le grand Evêque prononçait cette immortelle première oraison funèbre qu'on ne peut lire sans frissonner aux grandes pensées qu'il y déploie, avec la majesté des prophètes dévoilant à la terre la rigueur des jugements terribles et secrets de Dieu sur les âmes et les peuples. Et c'est ici, à deux pas, ici qu'il disait dans son accent d'une gravité pénétrante et superbe : « *Et maintenant, comprenez, ô Rois ; instruisez-vous, juges de la terre !* » Celui qui règne dans les cieux, à qui seul appartient la majesté... est aussi le seul qui se glorifie de faire la leçon aux rois !... Soit qu'il élève, soit qu'il abaisse, il leur apprend leurs devoirs d'une manière digne de Lui... Et, « dans la mémoire d'une grande Reine, fille, femme et mère de rois si puissants » *il va étaler aux yeux du monde sa vanité tout entière...* Toutes les extrémités des choses humaines ! Mais la sage princesse a usé chrétiennement de la bonne et de la mauvaise fortune; dans l'une elle a été bienfaisante, dans l'autre invincible. *Elle a su profiter de ses malheurs et de ses disgrâces* plus qu'elle n'avait fait de toute sa gloire... *Ce n'est pas un ouvrage humain que je médite. J'entrerai* dans les puissances du Seigneur... *Conseil de justes vengeances sur l'Angleterre, de misericorde sur le salut de la Reine.* » Les portraits de Charles Ier, de Cromwell, la peinture des erreurs protestantes, « *où les esprits tombant de ruines en ruines* se sont divisés en tant de sectes... et perdirent enfin le *respect de la majesté et des lois...* sont incomparables. Quelle image poétique et saisissante quand il dit que venant prendre possession du sceptre de la Grande-Bretagne, *la Reine avait vu les ondes se courber devant elle;* puis après dix ans de luttes effroyables, il parle de *l'océan étonné de se voir traverser en des appareils si divers, pour des causes si différentes !*

Tout fut inutile. Alors elle put dire avec le prophète Isaïe : Le Seigneur des armées a fait ces choses pour anéantir tout le faste des grandeurs humaines et tourner en ignominie ce que l'univers a de plus auguste !... O mère ! ô femme !

ô Reine admirable et digne d'une meilleure fortune, si les fortunes de la terre étaient quelque chose !... Combien de fois a-t-elle, *en ce lieu*, au milieu de vous qu'elle voulait bien nommer *ses chères amies*, a-t-elle remercié Dieu humblement de deux grandes grâces : une *de l'avoir fait chrétienne*, l'autre *de l'avoir fait Reine malheureuse* !... Les prospérités aveuglent... Malheur à vous qui riez ! Malheur à vous qui êtes contents du monde !... *Le Christianisme a pris naissance à la croix et le malheur le fortifie.* Là, on expie ses péchés... là, on transporte ses désirs de la terre au ciel... Les mauvais succès sont les seuls maîtres qui peuvent nous reprendre utilement et nous arracher cet *aveu d'avoir failli qui coûte tant à l'esprit !* Aussi Henriette a reçu les récompenses promises à ceux qui pleurent ! »
Quelles paroles ! quelles vérités ! quel éclat, quels accents ! Comme son œil pénètre avant dans la lumière de l'éternité ! Moïse au mont Nébo, dans ses adieux et son cantique divin, ne parlait pas une autre langue. Chênedollé a bien dit :

>   Toujours sublime et magnifique,
>   Soit que plein de nobles douleurs,
> Il nous montre un abîme où fut un trône antique
> *Et d'une grande Reine étale les malheurs !*
>   Soit lorsque entr'ouvrant le ciel lui-même
>   Il peint le Monarque suprême
> Courbant tous les Etats sous d'immuables lois,
> Et de sa main terrible ébranlant les couronnes
> Relevant tour à tour ou bien brisant les trônes
>   Il donne ses leçons aux Rois !
>   . . . .

Comme il méprise nos grandeurs!
De ce qu'on croit pompeux sur notre triste terre,
Comme il voit en pitié les trompeuses splendeurs!
    Du plus haut des cieux élancée
    Sa vaste et sublime pensée
Redescend et s'assied sur les bords d'un cercueil.
. . . .
    Telle l'Aigle, habitante des cieux,
Franchit en un instant les plus vastes distances...
    Tel à son gré changeant de place,
    Bossuet à notre œil retrace
Sparte, Athènes, Memphis, aux destins éclatants,
Tel il passe, escorté de leurs grandes images,
    Avec la majesté des âges
    Et la rapidité du temps!

Dois-je m'arrêter? C'est déjà trop long, je le sais, je le sens; mais j'éprouve un charme infini à transcrire ces beaux vers. Qu'on me pardonne et me permette encore d'y ajouter les six derniers de cette superbe composition de l'ami de Châteaubriand et de Fontanes :

    Oui, s'il parut jamais sublime
    C'est lorsque, armé de son flambleau,
Interprète inspiré des siècles qu'il ranime,
Des Etats écroulés il sonde le tombeau <small>(Disc. sur l'hist. univ.)</small>
    C'est lorsqu'en sa douleur profonde,
    Pour fermer le convoi du monde,
Il scelle le cercueil de l'empire romain ;
Et qu'il élève alors ses accents prophétiques
    A travers les débris antiques
    Et la poudre du Genre Humain!

Sainte-Marie de Chaillot avait gardé cent vingt ans dans son histoire, la mémoire de ce jour-là et dans sa vie, le souvenir de leçons descendues de si haut. Hélas! depuis quatre-vingt-dix ans, pas une pierre ne rappelle au monde la chapelle où tant de religieuses ont prié, où l'Aigle de Meaux jetait à la terre ses cris sublimes ! Nous sommes bien ingrats ou bien abaissés. L'univers nous envie Bossuet ! La Révolution qui fut chez nous « l'heure de la puissance des ténèbres » dispersa les religieuses (vingt-deux, plus neuf converses), pilla les trésors d'art, profana le repos des morts, et fit régner sur la colline si sainte et si gaie d'autrefois, le silence des tombeaux ! C'est le progrès de la barbarie qui s'avance de nouveau. Et vers *1810, les bâtiments étaient abattus* et sur les fondements découverts, Bonaparte, dans « la dilatation de son immense orgueil » *in dilatatione cordi sui* (Daniel, de Nabuchodonosor), avait décrété d'élever là un palais à son fils qu'en naissant (1810), il proclamait roi de Rome ! — « Mais l'avenir n'est à personne ; l'avenir est à Dieu ! » Le poète continue :

> Dieu garde la durée et vous laisse l'espace,
>   Vous pouvez, Sire, avoir toute la place,
> Etre aussi grand qu'un roi peut l'être sous le ciel ;
>   Vous pouvez prendre à votre fantaisie
> L'Europe à Charlemagne, à Mahomet l'Asie ;
> Mais tu ne prendras pas un jour à l'Eternel !

Et depuis cent dix ans, il n'y a plus ici de Visitation, plus de tombes, plus de reliques saintes, plus de princes, plus d'Empereur ! Un affreux monument, froid comme la mort, d'où nulle prière ne s'élève plus à Dieu, et qui n'eût par déparé Ninive ou Babylone, mais qu'Athènes eût sifflé, couronne sur la colline l'œuvre de destruction : *Tota tegitur*

Pergama dumetis, etiam periere ruinæ (Lucain).

Je trouve, en finissant, une dernière note qui, ici, a bien son intérêt. En 1790, la Communauté dut, « *au nom de la Fraternité* » présenter l'état de ses finances ; car c'est beaucoup à l'argent qu'on en voulait alors, comme aujourd'hui, comme toujours. Elles avaient donc, par an, 27.823 livres, 16 sous, 8 deniers, ainsi répartis :

	Livres.	Sous	Den.
Produit de la terre et fief de Chaillot et Longchamp.	13.414	16	—
Rentes perpétuelles et rentes viagères.	6.967	16	8
Produit du privilège d'entrée du vin et sel.	1.184	8	—
Loyer de maisons.	6.246	61	—
	27 823	16	8
Il faut en déduire les charges : messes, sens.	2.910	—	—
Ce qui laisse . . .	24.913	—	—

Les dépenses accidentelles se montent à 10.706 l. — Les dettes actives du couvent sont de 124.054 l. 1 s. 10 d. et passives de 53.261 l. 9 s. 5 d. Et voilà comment la Nation généreuse d'alors « *la République une et indivisible* » comme ils gargonneront bientôt, fut loyalement volée. Mais ils s'en vengeront ici comme ailleurs par la proscription, la banqueroute et l'échafaud. Sous peu Paris verra l'abbesse de Montmartre et les saintes Carmélites de Compiègne conduites par ces brigands à la guillotine, élevée sur la place de la Nation. — En six semaines, là seulement, 1300 têtes innocentes tombaient sous l'homicide couteau! sept cents au moins du petit peuple! Et c'est sur cette place, au milieu même du lieu où tant de sang a coulé, qu'ils viennent naguère d'élever un monument au triomphe de la République! — *Sancti et sanctæ martyres, intercedite pro nobis!*

Les Minimes de Chaillot.

Une tour carrée ou petit château fort gardait encore au XVIe siècle, le premier nom francisé du pays Nijon, on l'a vu, du primitif *Ninio*. La carte de Paris — voyez première page — le place au bord de la Seine dans l'espace qui s'étend du jardin du Trocadéro à la rue des Vignes. Saint François de Paule vivait encore quand Villiers-Morhier, chambellan de Charles VIII, offrit en hommage à Dieu, la tour à ses premiers fils (1496) Anne de Bretagne avait connu personnellement le Saint lui-même ; elle s'était attachée à lui. Aussi affectionnait-elle son ordre naissant. Le terrain offert par son pieux chambellan, était médiocre comme étendue. Elle acheta de ses deniers les terres voisines. Un chanoine, grand pénitencier de Paris, docteur en Sorbonne, Jean Quentin, logea chez lui les premiers Minimes arrivants et se chargea du soin des constructions de l'abbaye. La Reine en posa la première

pierre. La chapelle fut bénite en mars 1506, par F. de Rohan, sous le titre de *Notre-Dame de Toutes Grâces* ou *Annonciation*. La dédicace n'en fut cependant faite que le 13 juillet 1578, en présence du Roi Henri III, de la Reine, des princes et princesses qui s'y rendirent pour les premières vêpres. Le lendemain, la ville presqu'entière s'y porta...
La chapelle. Le tabernacle du grand autel était de marbre blanc, avec colonnes de jaspe, figures de bronze doré et divers ornements... Une grille en fer ouvragé fermait l'avant-chœur. Au siècle dernier, on y voyait les tombeaux de deux maréchaux de France, de deux princes palatins, de marquis, de présidents, de conseillers... On y lisait encore l'épitaphe qui marquait la tombe du grand pénitencier de Paris, leur ami :

> Ci-gist, au bas de ce pillier,
> Le cœur du bon Pénitencier,
> Maître *Jean Quentin*, sans errer,
> Qui de ce couvent bienfaiteur
> Fut et de l'ordre amateur.

Ce n'est pas du pur Racine; mais enfin c'est assez clair, et surtout sans prétention. Ici, on remarquait encore la tombe de J. Marie du Drac, du tiers-ordre, *morte en odeur de sainteté* (1530), à l'âge de quarante-six ans ; celle de Jean d'Alesso, *petit-neveu de saint François de Paule*, (1) et, dans une chapelle de la nef, s'élevait le mausolée de Françoise Veyni, épouse d'Antoine du Prat, premier

---

(1) On lisait à la fin d'une longue inscription : *Cui nasci contigit mori restat!*

président de Paris qui bientôt embrassa l'état ecclésiastique et fut élevé aux premières dignités de l'Eglise... Un de leurs fils, évêque de Clermont, a fait ériger le tombeau à sa mère. « Elle y est représentée à genoux, en marbre blanc, habillée à l'antique devant une figure de la Vierge. » (Annales des Minimes, manuscrit de la bibliothèque Mazarin n° 2881 (Cocheris) (1). Enfin on y conservoit dans un reliquaire, une coiffure de laine brune du saint Fondateur. La châsse était d'ébène à plaques d'argent, ornée de piliers de bronze et de broderies d'or et d'argent. L'abbaye avait deux bibliothèques gardant 9.000 volumes, trente et quelques tableaux. Ici encore, je ne sais si une seule pierre reste debout, de l'abbaye des Bonshommes qui eût sa célébrité. — Cependant, on m'a dit hier, 16 février 1900, que des ouvriers employés aux travaux de l'Exposition, ont mis à jour, quelques vieilles arcades, substruction des bâtiments du vieux monastère de Chaillot; mais ce fut pour les démolir ! *Et non relinquetur lapis super lapidem quæ non destruatur.* » C'est la loi, l'inexorable loi, qui pèse sur toutes les œuvres de l'homme, la seule vertu chrétienne exceptée ! (2)

---

(1) L'épitaphe commence par ces mots :
Hic Francisca tegor clari quæ conjugis uxor,
Felix prole fui...
Me pietas cælo et terrâ dat vivere proles ..

(2) Du Breuil disait en 1512 : Le cloître dudit couvent, proche de l'église, est tout voulté de pierres de taille et contient 52 arcades à chacune desquelles sont représentées, peintes en huile les persécutions de l'Eglise... Tous ceux qui ont répandu leur sang pour le nom de Dieu en la loi de nature et escrite et en la loi évangélique.. depuis que notre Rédempteur Jésus a répandu son précieux Sang en l'arbre de la Croix pour laver et nettoyer nos offenses. (*Antiquités*, p. 296.)

Les Chanoinesses de Saint-Augustin.

Ces religieuses achètent en 1659 la maison de Prats, « située à Chaillot, au haut de ce village, maison qui faisait partie du fief de la grande Bretonnerie. » (Magny) Le plan indique l'espace qui s'étend aujourd'hui de l'avenue de l'Alma à l'avenue Marceau. L'entrée rue de Chaillot et les vastes jardins s'avançaient sur les rues Bassano, Galilée et au delà. « L'enclos contenait dix arpents (plus d'un kilomètre) et soixante-treize perches (La perche avait en moyenne, trois mètres, donc deux cents dix-neuf mètres). A l'origine, un couvent avait été fondé ici, par les religieuses de Sainte-Géneviève, sous le titre de *Notre-Dame de la Paix*. Un M. de Contes fit la bénédiction de de l'église (1671). Les chapelles de Notre-Dame de Pitié et du Calvaire s'élevaient dans le jardin. Mais à l'époque où les Chanoinesses venues de Nanterre y entrèrent, la maison porta le nom de *Sainte-Perrine* de Chaillot. La communauté comptait quarante religieuses. Les écrivains ont remarqué qu'elles portaient dans leur costume de chœur *l'aumusse mouchetée de blanc, à la façon des chanoines*. Ce qui surprenait. En 1728, l'abbesse, Mme de Prunelée, obtenait le privilège de vendre le

Sirop balsamique pectoral. Et cette même année, 3.000 livres payaient son entreprise... Le 27 septembre, 1742, la châsse de sainte Perrine fut apportée au couvent. Elles étaient pauvres. En 1788 le déficit s'éleva à 20.120 francs sans compter 12.000 livres de dettes... — C'est là qu'en 1806, Josephine fonda un hospice, dit de Sainte-Perrine. Aussi, la première avenue qui monta de l'Alma à l'Etoile, passant sur une partie des jardins du vieux monastère, porta-t-elle le nom de Josephine. « Quand j'étais enfant, me disait hier un vieillard de la paroisse, j'ai joué sur les pelouses de Sainte-Perrine et connu sa chapelle. » (M. le Baron d'Avril).

V

La Savonnerie de Chaillot.

« C'est un lieu remarquable, » disait Le Bœuf. On y faisait autrefois du savon. La chapelle s'élevait au pied de la colline sur le chemin qui borde la Seine, près la grille qui fermait le Cours-la-Reine. Ce cours avait quarante pas de largeur. Quatre rangs de beaux ormes, trois allées et se terminait par « un portail d'architecture que fermaient des portes de fer en balustres » (Hurt.). On créa là, en 1604, une manufacture royale de tapisseries. On imitait les tapis de Perse et du Levant, comme on disait alors. « *C'est la seule fabrique du genre qu'il y ait en Europe.* » (Mémorial de Paris de 1749.) Le duc d'Antin en fut directeur. Le grand et célèbre tapis, conservé dans le garde-meuble du Roi (Louis XV) sortait de Chaillot. Il couvrait tout le parquet de la grande galerie du Louvre : il avait quatre-vingt-douze pièces. Celui de la tribune du Roi à Versailles et ceux de Trianon, Marly... avaient été faits ici. On lisait cette touchante inscription sur la porte de la chapelle Saint-Nicolas : « Marie de Médicis, mère de Louis XIII, pour avoir, par sa charitable munificence, des couronnes au ciel... par ses mérites, a établi ce lieu de charité pour y être reçus, alimentés, entretenus et instruits les enfants tirés des hôpitaux des pauvres, le tout à la gloire de Dieu. »

On le sait, cette manufacture, qui eut une grande célébrité, n'est plus aujourd'hui qu'une manutention militaire, quai de Billy (1). Enfin près du

---

(1) Hier, 20 février, j'étais à la manutention militaire. J'espérais trouver du moins quelques ruines de la chapelle Saint-Nicolas. Un vieux militaire à deux médailles fixées au parement de la tunique, brave homme tout à fait, attaché depuis longtemps à la maison, nous reçut de la manière la plus cordiale du monde. — « L'usine Caille, me dit-il, occupa une partie des bâtiments anciens. Le tout appartenait à un M. Vaillant qui, vers 1836, le vendit au Génie. Celui-ci jeta par terre la vieille construction entière. » — J'éprouvai, je l'avoue, quelques regrets. Quoi ! il ne reste plus rien de la vieille chapelle et de la si belle inscription de la Reine : *faire le bien, le bien sur terre pour avoir des couronnes au ciel !* — Non, rien, plus rien, répondit le digne homme. Et voilà ce que sont et ce que deviennent les œuvres de l'homme ! Ainsi, pas un pauvre coin de muraille ni de l'abbaye des Minimes, ni de la Visitation, ni de Sainte-Perrine ; pas une pierre même, ni de l'oratoire, ni de l'antique, royale et si célèbre *Savonnerie* de Chaillot, où j'étais ! Ah ! le temps, me dis-je, frappé par le nom même de Savonnerie, est donc aussi, mon Dieu ! comme un redoutable et puissant Savon par où tout brille un moment, puis où tout bientôt glisse sans retour, se dissout et puis disparaît, pour jamais, dans l'éternel oubli de ce monde ! — *Tantum ævi longinqua valet mutare vetustas !* Pourquoi donc essayer de fixer si solidement nos tentes sur ce sable mouvant qui ne garde rien de nos œuvres, dans la terre de notre exil d'un jour : *incola ego sum in terrâ ?* Dieu nous le répète : nous n'avons point de cité stable ici-bas, nous marchons vers la Patrie future : *non habemus hic manentem civitatem, sed futuram inquirimus.* Et le temps, témoin de nos ruines et spectateur de nos funérailles et des générations qui se sont si rapidement et si vainement, agitées, ici-bas, le temps, pierre glissante où quarante siècles ont glissé l'un sur l'autre et sont tombés par terre, un jour, glissera lui-même à son tour et se perdra pour jamais aussi dans l'immuable Eternité comme la Seine que je vois ici, va se perdre sans retour à l'océan ! *Quoniam tempus habet finem* (Daniel). *Et juravit quia tempus non erit amplius* (St Jean). Et la mort même, la mort, enfin, qui l'a servi, dès l'origine, avec un zèle si infatigable, sera détruite avec lui. Et nous verrons ce jour-là ! *Dies magna et amara valde. Et novissima inimica destruetur mors* (St Paul). Et ce sera alors le temps vrai, stable, éternel, le temps de toute chose, des récompenses et des châtiments, des joies vraies aussi et sans fin comme des éternelles douleurs : *Et tempus omnis rei tunc erit.* (Eccl.)

pont de l'Alma, un certain L. Gouffé avait fondé une verrerie. — Guy Patin, — lettre à Spon — écrit en 1658 : « On montre dans une salle de Chaillot, proche des Minimes de Nijon, la peau et le squelette d'une *baleine, prise entre Nantes et La-Rochelle.* » Mézeray, historiograghe de Louis XIII composa dans sa maison de campagne de Chaillot, une partie de ses œuvres. Son Histoire de France, avec portrait des Rois et des princesses eut un succès prodigieux (1643).

VI

Que devint l'Église de Chaillot ?

La loi du 4 avril, 1791, conservait Saint-Pierre, comme paroisse, ayant pour circonscription Barrière de Versailles (Minimes) à la place Louis XV (Concorde), Champs Elysées et la grande Avenue, de la grande Avenue, à l'*Etoile de Chaillot* et de l'Etoile à la Barrière de Versailles. Mais bientôt, hélas ! le flot de violences, de cruautés, d'horreurs déchaîné sur la France emporta tout ! *Au nom de la Liberté,* l'église était fermée comme tous les sanctuaires de Paris. On défendit à nos pères de s'agenouiller au pied des autels « du Dieu qui avait réjoui leur jeunesse » et sanctifié le monde. Puis, *au nom de la Fraternité,* elle fut mise en vente et adjugée, le 8 fructidor, an IV (26 août 1796). — Mais son ange gardien la protégea ; elle ne périt pas. Et le 24 septembre, 1821, la ville de Paris la rachetait 38.000 fr. plus une rente perpétuelle de 530 fr. sur l'Etat, au profit de la fabrique. En 1866, la cure de Chaillot prenait rang de première classe. Depuis, la vieille église fut témoin de la transformation complète de son sol. Ses beaux jardins on fait place à de hautes et prosaïques maisons. Mais elle a vu aussi ses nefs latérales se prolonger et se rejoindre derrière son pieux sanctuaire. Un très bel autel, dédié au Sacré-Cœur, s'est élevé à droite et fait de la partie neuve comme une petite église du Saint-Sacrement que vient adorer chaque jour l'élite des âmes chrétiennes ; à gauche, une chapelle recueillie et assez vaste a été construite et consacrée à Notre-Dame des Victoires. De plus une superbe grille, don de la généreuse piété des fidèles, enveloppe le grand chœur, si beau avec ses ornements au jour des grandes fêtes ! Des peintures murales bien religieuses (1) ornent encore les vieux murs du saint monument qui a vu passer tant de générations, entendu tant de fois tomber le marteau de la vieille horloge qui compte nos journées d'ici-bas :

Lucis diurnæ tempora
Successibus determinans (S. Ambroise.)

monument enfin où reposent dans la paix de Dieu, les restes mortels des deux saints prêtres dont nous avons admiré l'épitaphe :

Sic iterum sacræ splendet per munera vitæ — Ecclesia !

Enfin, grâce à Dieu et au zèle de son clergé, la

---

(1) A l'Arc-Solium.

piété, cette suave et divine fleur de la foi chrétienne, y fleurit encore dans nos jours troublés, mauvais et si vainement agités !

Unus apostolicâ præfulgens mente sacerdos

Calloilensis!... ajouterait un clerc du XIIIe et même du XIVe siècle.

VII

Petites Notes finales, çà et là.

1º Saint-Pierre est rendu au culte le 9 prairial, an XI, (29 avril 1803) et devient troisième succursale de la Madeleine. — Une inscription fixée au mur extérieur, cour du presbytère, portant, près d'une croix grecque, la date de 1886, rappelle l'époque de la construction de la chapelle de la Sainte-Vierge. Une seconde, à l'extérieur, porte de gauche, sur la rue de Chaillot, reconnaît qu'une protection divine a préservé l'église, pendant la Commune (1871), *a telis inimici servatam*.

2º En 1789, Bailly habitait encore sa maison de campagne de Chaillot. Il écrivait le 28 juin de cette même année (*Mémoires*, t. II, p. 255) : Je passais, ici, les étés. depuis plus de trente ans... On vint me tirer un feu d'artifice dans mon jardin... et tout le jardin fut illuminé : bourgeois, ouvriers, femmes, enfants, tout y était confondu... *Je fus embrassé par cette foule presque entière* (!) Il ajoute dans le jargon maladif et niais du temps : *On y manifesta une joie pure et douce, une paix qui annonçait l'innocence* (!) Or, ce même aimable peuple qui, le 28 juin, annonçait tant d'innocence, assassinait cruellement. cinquante jours plus tard, le malheureux commandant de la maréchaussée de Passy, du Rocher ! (maréchaussée, troupe à cheval que la gendarmerie a remplacée) Telle était déjà la douce innocence de la Brute qu'on venait de déchaîner sur la France(1)! Le 17 juillet 1790, Bailly avait fait échec à la royauté même. Il était devenu un personnage. Et M. Bussière de Chaillot se rendait, à une heure du matin (¹) avec ses marguilliers, annoncer à Bailly qu'on l'avait nommé *Marguillier d'honneur !* Il écrit alors (tome II, *Mémoire*) avec une désinvolture de parvenu mal appris et insolent : « Je n'en ai jamais fait les fonctions (On dit en français remplir et non faire une fonction) la Constitution du reste proscrit toutes ces *places d'honneur qui ne sont pas compatibles avec l'égalité.* » L'aimable homme, va ! — Or, demain il présidera, *comme premier*, l'Assemblée nationale ; après demain, il acceptera d'être *le premier* maire de Paris ; dans quelques mois, il donnera, *comme premier chef*, l'ordre de tirer sur le peuple, au Champ-de-Mars, en face de cette même campagne de Chaillot où quelques balles vinrent se perdre, lieu témoin de la « *joie pure et douce* » *de ce peuple qu'il commandait de massacrer !* Et tout cela était, sans doute, éminemment *compatible avec l'égalité !* La mort seule ne put toujours ouvrir, même un moment, ces esprits fermés et vains. La Révolution, c'est l'envie : *nous en haut*, disait le monstre qui fut Danton, *eux en bas !* Mais voici qui va rétablir l'ordre détruit et venger l'*égalité morale* que ces misérables, par méchanceté, faiblesse, orgueil, ou vanité d'incapables ont, en quarante mois, tant de fois et si outrageusement violée : Bailly arrêté, emprisonné, paraît devant le tribunal révolutionnaire, l'*exécration et l'opprobre de l'humanité !* Il faut le reconnaître, le

---

(1) « Ils s'imaginaient toujours qu'un air de flûte suffirait à la ramener à la raison » (Taine).

châtelain de Chaillot y eut un bon mouvement : *il défendit l'innocence de la Reine*. Mais il était trop tard, et, le 12 novembre 1793, on l'envoyait à la place Louis XV, où, sous les huées et les sarcasmes horribles de ce même peuple qui naguère à Chaillot, l'avait embrassé sur les deux joues, « manifestant ainsi sa joie si pure et si douce et la paix de son incomparable innocence » il montait à l'échafaud ! Et c'était justice ! Le peuple ne pardonne pas à qui l'a corrompu : *Per quæ peccaverit homo, per hæc et torquetur ;* (*Sagesse*, chap. xi, v. 7) et la Providence divine ne permit pas que des hommes qui accumulèrent plus de ruines et d'horreurs en quinze jours que la Royauté n'en avait laissé derrière elle, en quinze siècles, périssent autrement que par l'échafaud. C'est la loi, et qui se sert de l'épée périra par l'épée. Et ici, tout fut insensé, barbare et atroce, de part et d'autre.

Barbaries nil illæsum scelerata reliquit !

3° A soixante ans de ces horreurs, en 1736, un anonyme donnait au public une « *Dissertation sur l'antiquité de Chaillot pour servir*, dit le titre, *de mémoire à l'histoire Universelle*, chez Prault, quai de Gèvres, *au Paradis.* » Le titre est pompeux, mais à dessein. Ce facicule que j'ai retrouvé à la Bibliothèque Nationale, est un petit chef d'œuvre de style, d'esprit, d'ironie et de fine plaisanterie. Jamais peut-être l'école de prétendue critique historique qui commençait déjà par toutes les falsifications, les suppositions gratuites et le mensonge impudent, à fausser, à outrager l'histoire et à préparer ainsi la Révolution, n'a été réfutée avec plus de verve, d'agréments et de malice. Je l'ai lu avec délices. En voici la préface : « Il faut avouer, non pas à ma honte, mais à celle de l'Antiquité que l'*histoire de Chaillot* a été jusqu'ici très peu connue. Les historiens grecs et latins n'en ont fait nulle mention... Aucun vestige jusqu'au siècle d'Auguste et, ce qu'il y a de pire, les historiens postérieurs n'en ont pas parlé davantage. C'est ainsi que, par l'ignorance et peut-être par la jalousie des contemporains, les histoires les plus intéressantes sont ensevelies dans l'oubli. *Heureux notre siècle d'avoir inventé « la Critique ! »* science par laquelle non seulement on met en place les faits anciens, mais *par une noble audace, on en créerait de nouveaux.* — On en créerait de nouveaux — *s'ils étaient nécessaires à la suite du discours et à la liaison de l'histoire !* » Aussi, partant de ce beau système, invente-t-il à son aise : « On a cru longtemps, dit-il, que Chaillot venait de Kalos grec qui signifie *beau* : l'assiette de sa position, la bonté de son air, la fertilité du terroir et la Seine qui arrose le pied du coteau.. 2º On sait qu'un prince exilé de Constantinople et à la recherche d'une nouvelle patrie, considérant la beauté du pays et que le port de Chaillot lui rappelait en petit le Bosphore et sa célèbre Corne d'Or, s'y établit, et, en retour, il lui donna son nom... 3º Toutefois, comme toutes ses belles raisons ne sont pas absolument irréfutables, j'ai cherché et trouvé enfin un vieux *manuscrit syriaque*. Il est vrai que je n'entends pas un mot de la langue ; mais qu'est-ce que cela fait ! MM. V. et M. ne sachant ni grec ni hébreu ont bien traduit du grec et de l'hébreu !.. J'ai donc laissé au syriaque ce qui est le plus étranger aux caractères du Français et j'ai trouvé... » — Je n'ai donné ici que la pensée. On devine aisément le thême. Ni Aristophane, ni Lucien n'ont peut-être écrit quelque chose de plus spirituel. —

Et c'est ainsi, en réalité, que des historiens sans respect des traditions, ni des documents du passé, et sans conscience, Voltaire, Salvandy, H. Martin, et surtout Michelet, ont composé l'histoire enseignée à la jeunesse française. L'Ecriture sainte les appelle *fabricatores mendacii*. Ils ont versé le poison qui vicie comme le sang de la vérité par où vivraient les hommes. Les lèvres menteuses sont en abomination devant le Seigneur : *abominatio est Domino labia mendacia*. (Prov. xii) — *Væ jaciunt effrenis qui mendacia linguæ!* — *Os quod mentitur occidit animam*. (Sagesse).

4° On remarque, au bas de l'avenue Marceau, à gauche, en montant la pompe foulante, construite en 1782, par les Frères Perrier. Elle élève l'eau de la Seine, à trente-sept mètres de hauteur, en des réservoirs dont les murs bordent les rues Copernic et Lauriston. Elles y sont tamisées et de là vont alimenter une partie de la capitale. (Cocheris). Le directeur de l'usine me disait : Le réservoir contient 55.530 mètres cubes d'eau et 45.000 mètres cubes y sont élevés en 24 heures.

5° Enfin un second anonyme a écrit, vers 1730, « *Un badinage sur Chaillot*. » Nous n'avons pu, même aidé d'un des meilleurs directeurs, le retrouver à la Bibliothèque Nationale. Cocheris qui l'indique ne dit pas où il l'a rencontré. Est-ce à cause de cette plaisanterie que Magny écrivait vers 1775 : « Chaillot est à une demi-lieue de Paris et je n'ai pu savoir pourquoi on appelle les habitants *Les ahuris de Chaillot* » L'aimable historien! Littré porte *A hure, chevelure hérissée ;* étonné, troublé, interdit; et il cite du xiii° siècle (Robert-le-Diable) *la gente barbue et ahurie*. Mais n'importe d'où en puisse venir l'origine, il faut avouer franchement que l'épithète ne flatte pas, à l'excès, nos braves devanciers : *les ahuris de Chaillot*. Bailly dut manifestement, dans son jardin du 28 juin, en prendre sa bonne part. Il était ici *alors !* mais c'était *alors* et cet *alors* est passé depuis bientôt cent douze ans. Aussi est-il bien évident — tellement les choses ont changé ! — que si Paris n'existait pas, Chaillot serait ou du moins pourrait être Paris ! Quelles fleurs de distinction et de célébrités dans ce seul petit coin du monde ! Regardez les physionomies, depuis la marchande de légumes, rue Pauquet, jusqu'à la Reine d'Espagne, avenue Kléber, du dernier enfant de chœur, rue de Chaillot, au premier cantonnier, avenue du Trocadéro, de l'avant-dernier commis aux délégations étangères, dans toutes les rues, jusqu'aux présidents de la République Française (rue Nitot et Jardin du Trocadéro, feu Grévy et Casimir Perrier) qui après leur décès de présideuts, *ut sic*, se sont hâtés de chercher refuge à Chaillot même, et vous reconnaîtrez à l'œil et au langage, comme jadis on le reconnaissait à Athènes, que Chaillot est devenu, que Chaillot est bien aujourd'hui, que Chaillot restera dans l'avenir la fine fleur de l'esprit attique *humani lumen ingenii !* Et Magny, tout Magny qu'il fut, avec toute sa distinction, tout son savoir, toute son éloquence serait-il même reçu aujourd'hui dans la société chaiottaise ? Qui le sait ? Et cependant il a écrit *Les ahuris de Chaillot*.

Quælibet extinctos injuria suscitat ignes !

Aussi nons plaît-il ici de venger nos arrière-grands oncles et, si le monde continue de tourner dans l'espace, de fournir des armes à nos arrière-petits-neveux, les futurs Ahu. de Ch... !

» *Sic, tu romano lepidos sale tinge libellos.* »

E.-M. GAUCHER.

SAINT-JUST. — IMPRIMERIE UNIVERSELLE

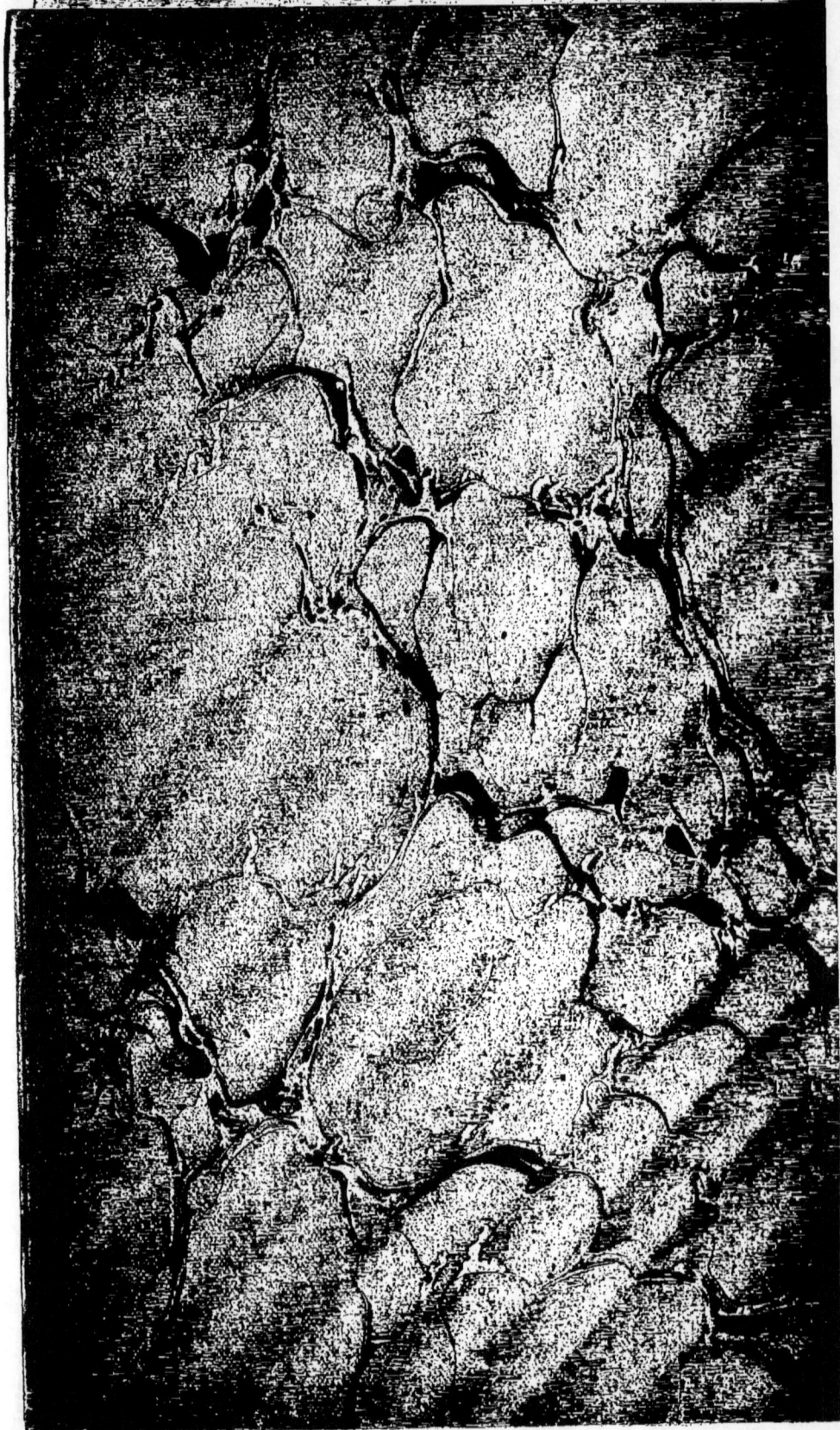

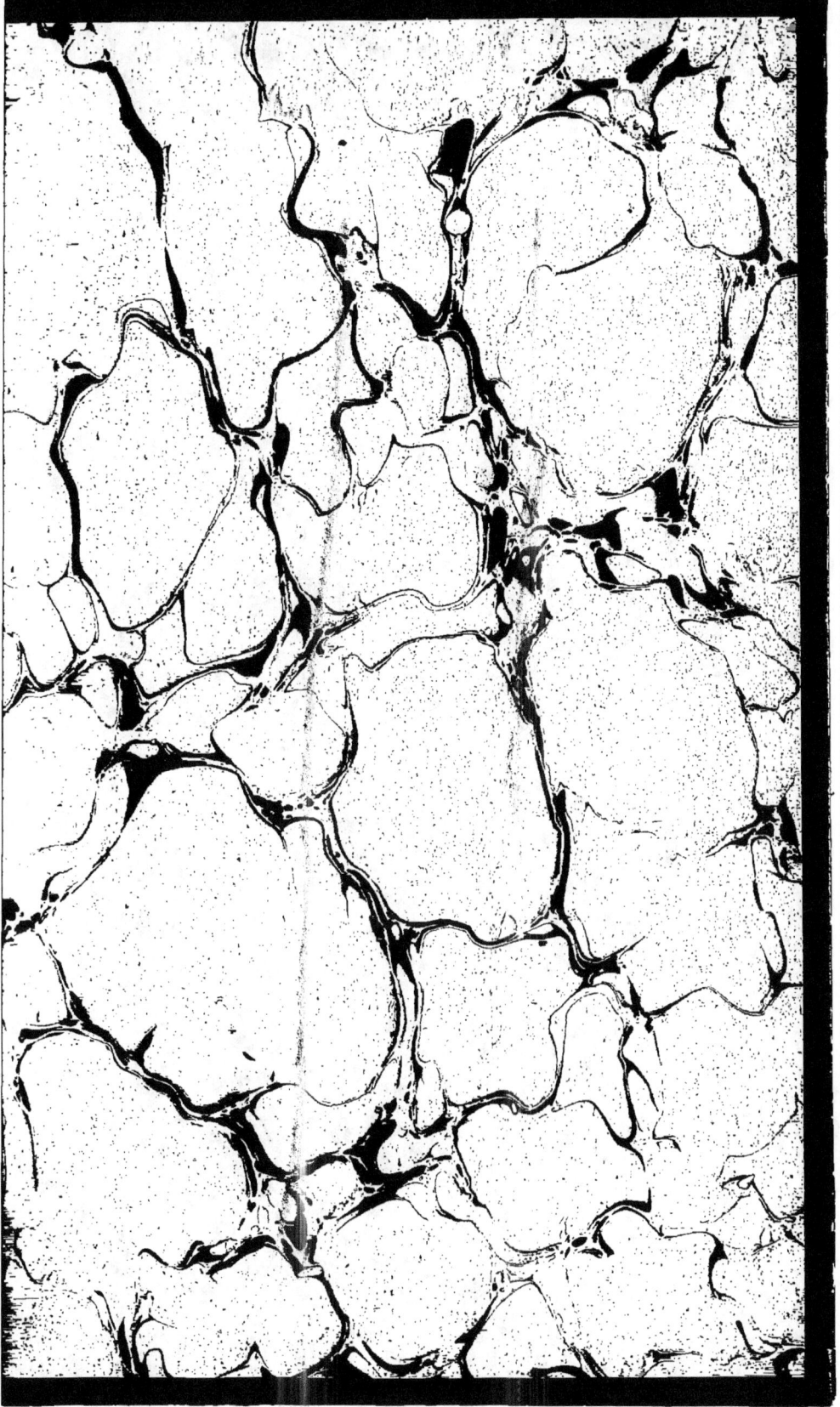

www.ingramcontent.com/pod-product-compliance
Lightning Source LLC
LaVergne TN
LVHW050554090426
835512LV00008B/1160